BEI GRIN MACHT SICH IHI WISSEN BEZAHLT

- Wir veröffentlichen Ihre Hausarbeit,
  Bachelor- und Masterarbeit

- Ihr eigenes eBook und Buch -
  weltweit in allen wichtigen Shops

- Verdienen Sie an jedem Verkauf

Jetzt bei www.GRIN.com hochladen
und kostenlos publizieren

Trainingsplanung für ein Beweglichkeits- und Koordinationstraining

Tobias Kraatz

Bibliografische Information der Deutschen Nationalbibliothek:

Die Deutsche Nationalbibliothek verzeichnet diese Publikation in der Deutschen Nationalbibliografie; detaillierte bibliografische Daten sind im Internet über http://dnb.d-nb.de abrufbar.

ISBN: 9783346577108
Dieses Buch ist auch als E-Book erhältlich.

© GRIN Publishing GmbH
Nymphenburger Straße 86
80636 München

Druck und Bindung: Books on Demand GmbH, Norderstedt Germany
Gedruckt auf säurefreiem Papier aus verantwortungsvollen Quellen

Das Buch bei GRIN: https://www.grin.com/document/1167042

Einsendeaufgabe

Fachmodul: Trainingslehre III

Studiengang: Sportökonomie

Name, Vorname: Kraatz, Tobias

Studienort: **Stuttgart**

Inhaltsverzeichnis

1 Personendaten

Tabelle 1: Personendaten

	Daten	Bewertung
Alter	24 Jahre	Volljährig
Geschlecht	Männlich	-
Körpergröße	179 cm	-
Körpergewicht	85 kg	-
BMI (kg/m²)	26,53	Übergewicht; Allerdings ist die Person aufgrund des niedrigen KFA's nicht als übergewichtig einzustufen
Körperfettanteil (KFA)	12,9 %	Normal
Trainingsmotive	- Beseitigung der gelegentlich auftretenden Rückenschmerzen (LWS-Bereich) - Verbesserung der Beweglichkeit der unteren Extremität - Verbesserung der Beweglichkeit in der Schulter	Rückenbeschwerden und eingeschränkte Beweglichkeit der unteren Extremität durch mangelnde Mobilität und vorhandene muskuläre Dysbalancen; Auslöser und Ursprung des Problems ist die überwiegend sitzende Tätigkeit am Arbeitsplatz / in der Universität und der daraus resultierende Bewegungsmangel im Alltag (außerhalb von den Trainingseinheiten)
Berufliche Tätigkeit	Student, Teilzeitkraft in einer Sportmarketingagentur	Überwiegend sitzende Tätigkeit
Sportliche Aktivität	Früher 3x / Woche Fußballtraining Heute 4x / Woche Krafttraining 2x / Woche Footballtraining	Sehr sportlich / aktiv
Zeitlicher Verfügungsrahmen	3x / Woche	-

Tabelle 2: Gesundheitszustand

Parameter	Bemerkung	Bewertung
Orthopädische Probleme	-	Gesund
Internistische Probleme	-	
Ärztliche Behandlung	-	
Medikamenteneinnahme	-	
Sonstige Einschränkungen	-	

2 Beweglichkeitstestung

Um die Beweglichkeit des Probanden zu testen, wird der Muskelfunktionstest nach Janda (2000) durchgeführt. In erster Linie sollen somit Muskelschwächen und Beweglichkeitsdefizite erfasst werden. Die Resultate sind die Grundlage für die anschließende Konzeption des Beweglichkeitstrainings. Um ein objektives Testergebnis zu erzielen, übernimmt ein erfahrener Testleiter die Durchführung (Eifler, 2018, S. 47).

2.1 Durchführung und Testergebnisse

Tabelle 3: Beweglichkeitstestung

Übung	Ausführung	Normwerte	Ergebnis
Brustmuskulatur (M. pectoralis major)	Proband liegt in Rückenlage auf einer Behandlungsliege; Die Beine sind angewinkelt und die Füße liegen auf (Becken und LWS sind fixiert); Der Testleiter fixiert den Brustkorb durch leichten Druck mit der Hand; Der zu testende Arm ist im Schultergelenk abduziert und außenrotiert, das Ellenbogengelenk ist um 90° gebeugt; Messbereich ist die Position des Oberarmes zur Horizontalen; Abheben des Beckens oder Hyperlordose in der LWS verfälschen das Ergebnis	Stufe 0: Kein Beweglichkeitsdefizit; Oberarm erreicht die Horizontale und kann durch leichten Druck des Testleiters unter die Horizontale bewegt werden Stufe 1: Leichtes Beweglichkeitsdefizit; Oberarm erreicht die Horizontale nicht, kann durch leichten Druck des Testers in die Horizontale bewegt werden Stufe 2: Deutliches Beweglichkeitsdefizit; Oberarm erreicht die Horizontale trotz Druck des Testers nicht	Rechts: 0 Links: 0
Hüftbeugemuskulatur (M. iliopsoas)	Proband liegt in Rückenlage und mit herabhängenden Beinen auf einer Behandlungsliege; Ein Bein wird vom Probanden maximal an den Körper herangezogen, während sich das Andere weiterhin im Überhang befindet;	Stufe 0: Kein Beweglichkeitsdefizit; Oberschenkel erreicht die Horizontale und kann durch leichten Druck des Testleiters unter die Horizontale bewegt werden Stufe 1: Leichtes Beweglichkeitsdefizit;	Rechts: 0 Links: 0

	Messbereich ist die Position des Oberschenkels in Relation zur Körperlängsachse; Abheben des Beckens oder Hyperlordose in der LWS verfälschen das Ergebnis	Horizontale wird nur durch leichten Druck des Testers erreicht Stufe 2: Deutliches Beweglichkeitsdefizit; Horizontale wird selbst durch Druck des Testers nicht erreicht	
Kniestreckmuskulatur (M. rectus femoris)	Proband liegt in Rückenlage und mit herabhängenden Beinen auf einer Behandlungsliege; Das Gesäß schließt mit dem Liegenrand ab; Ein Bein wird vom Probanden maximal an den Körper herangezogen; Das Andere wird durch den Tester im maximalen Hüftextensionswinkel fixiert und in einen maximal möglichen Kniebeugewinkel geführt; Messbereich ist der Winkel zwischen Ober- und Unterschenkel; Abheben des Beckens oder Hyperlordose in der LWS verfälschen das Ergebnis	Stufe 0: Kein Beweglichkeitsdefizit; Unterschenkel hängt senkrecht ab; Durch leichten Druck kann der Tester die Beugung im Kniegelenk vergrößern Stufe 1: Leichtes Beweglichkeitsdefizit; Unterschenkel ist leicht nach vorne gestreckt; Durch leichten Druck des Testers kann der Kniebeugewinkel (90°) erreicht werden Stufe 2: Deutliches Beweglichkeitsdefizit; Unterschenkel ist deutlich nach vorne gestreckt; 90° Kniebeugewinkel kann auch durch Druck nicht erreicht werden	Rechts: 1 Links: 1
Kniebeugemuskulatur (Mm. Ischiocrurales)	Proband liegt in Rückenlage auf einer Behandlungsliege; Nicht getestetes Bein ist angewinkelt; Testbein, mit maximal gestrecktem Kniegelenk, wird durch den Tester in die maximal mögliche Hüftflexion gebracht; Messbereich ist der Winkel zwischen der Beinachse und Longitudinalachse; Abheben des Beckens oder Hyperlordose in der LWS verfälschen das Ergebnis	Stufe 0: Kein Beweglichkeitsdefizit; Hüftflexion ist im Ausmaß von 90° möglich Stufe 1: Leichtes Beweglichkeitsdefizit; Hüftflexion ist im Ausmaß zwischen 80° bis 90° möglich Stufe 2: Deutliches Beweglichkeitsdefizit; Hüftflexion im Ausmaß von unter 80° möglich	Rechts: 1 Links: 1

| Wadenmuskulatur (Mm. triceps surae) | Proband liegt in Rückenlage auf einer Behandlungsliege; Testbein ist vorerst gestreckt (distale Hälfte ragt über das Liegenende) und das nicht getestete Bein steht gebeugt auf der Liege; Tester greift mit einer Hand das Fersenbein distal und mit der anderen Hand die Fußaußenseite; Er übt Hauptzug über die Ferse aus, zieht distalwärts und lenkt mit dem Daumen der anderen Hand den Vorfuß mit leichtem achsengerechtem Druck zum Schienbein (max. Dorsalextension); Bei isolierter Testung des M. soleus wird bei maximaler Dorsalextension das Kniegelenk gebeugt; Tester versucht das Bewegungsausmaß zu vergrößern; Reflektorisch angespannter Mm. Triceps surae verfälscht das Ergebnis | Stufe 0: Kein Beweglichkeitsdefizit; Dorsalextension mindestens bis zur 0°-Stellung möglich

 Stufe 1: Leichtes Beweglichkeitsdefizit; Dorsalextension zur 0°-Stellung nicht komplett möglich

 Stufe 2: Deutliches Beweglichkeitsdefizit; Dorsalextension nur bis zu 10° unterhalb der 0°-Stellung möglich | Rechts: 1
 Links: 0 |

2.2 Bewertung der Testergebnisse

Der Test zeigt, dass der Proband keine Beweglichkeitsdefizite in der Brust- und Hüftbeugemuskulatur besitzt. Allerdings konnten in der Kniestreck-, Kniebeuge- und Wadenmuskulatur leichte Beweglichkeitsdefizite festgestellt werden. Diese Defizite resultieren aus der fehlenden Integration von Dehn- und Mobilitätsübungen im Alltag des Probanden und werden als eine Ursache für die Rückenschmerzen im Bereich der Lendenwirbelsäule gesehen.

3 Trainingsplanung Beweglichkeitstraining

Basierend auf den Ergebnissen des Muskelfunktionstests wird ein Trainingsplan erstellt. Das Dehnprogramm besteht aus zehn Übungen und wird 3-mal pro Woche durchgeführt. Bei der Übungsauswahl wurden alle wichtigen Muskel-Gelenk-Systeme berücksichtigt.

3.1 Dehnprogramm

Tabelle 4: Dehnprogramm

Dehnübung	Durchführung	Dehnmethode	Belastungsgefüge
Nackenmuskulatur (M. trapezius pars descendens)	Aufrechter Stand des Probanden; Handflächen sind am Körper; Eine Hand wird weit über den Kopf geführt und greift an der gegenüberliegenden Seite oberhalb des Ohres; Der Kopf wird kontrolliert gegen die aufliegende Hand gedrückt, bis eine Spannung im M. trapezius entsteht; Schultern bleiben gesenkt	Aktiv; Dynamisch	Anzahl: 3 Sätze pro Seite Im Wechsel Umfang: 45 Sekunden Intensität: Dehngrenze
Schultermuskulatur (M. deltoideus pars spinata, M. trapezius pars transversa, Mm. rhomboidei)	Aufrechter Stand des Probanden; Unilaterale Beugung des Ellenbogengelenks; Arm wird abgespreizt und in Schulterhöhe, mithilfe des anderen Arms, vor dem Körper fixiert; Handfläche des anderen Arms schiebt den angewinkelten Ellbogen mit Druck zum Körper; Position wird gehalten	Aktiv; Statisch	Anzahl: 3 Sätze pro Seite Im Wechsel Umfang: 45 Sekunden Intensität: Dehngrenze
Brustmuskulatur (M. pectoralis major)	Aufrechter Stand des Probanden; Arme werden um 90° abduziert und um 90° im Ellenbogengelenk gebeugt; Anschließende Kontraktion in der Rückenmuskulatur, bis die Dehnung spürbar ist; Position wird gehalten	Aktiv; Statisch	Anzahl: 3 Sätze pro Seite Umfang: 45 Sekunden Intensität: Dehngrenze
Autochthone Rückenmuskulatur (Mm. erector spinae)	Proband befindet sich im Vierfüßerstand; Bauchmuskulatur wird angespannt und die Wirbelsäule (WS) in ihrem physiologischen Bewegungsspielraum nach oben gewölbt; Spannung wird leicht gelöst	Aktiv; Dynamisch	Anzahl: 3 Sätze pro Seite Umfang: 45 Sekunden Intensität: Dehngrenze

	und die WS wird nach unten ge-streckt; Anschließend wieder aktive Spannung der Muskulatur und Wöl-bung der WS		
Seitliche Rumpfmuskulatur und Großer Rückenmuskel (M. obliquus externus / in-ternus abdominis, M. latis-simus dorsi)	Proband steht aufrecht im leichten Seitgrätschstand; Gestreckte Arme werden über dem Kopf verschränkt und maximal abgespreizt; Brust-korb bleibt aufgerichtet; Oberkör-per wird, bei gerader Beckenachse, leicht zur Seite geneigt; Dehnung wird durch leichten Zug des unte-ren Armes verstärkt	Aktiv; Dynamisch	Anzahl: 3 Sätze pro Seite Im Wechsel Umfang: 45 Sekunden Intensität: Dehngrenze
Gesäßmuskulatur und Hüftgelenkabduktoren (M. glutaeus maximus / medius und minimus, M. tensor fasciae latae)	Proband sitzt mit gestreckten Bei-nen und aufrechtem Oberkörper; Ein Bein wird angewinkelt und auf der anderen Seite des abgelegten Beins aufgestellt; Gegenüberlie-gender Arm wird abgesetzt und stützt den Oberkörper; Ellbogen des lateralen Arms wird auf das Knie gelegt; Position wird gehalten	Passiv; Statisch	Anzahl: 3 Sätze pro Seite Im Wechsel Umfang: 45 Sekunden Intensität: Dehngrenze
Hüftgelenkadduktoren (M. adductor longus / brevis / magnus)	Proband sitzt aufrecht; Fußsohlen werden vor der Körpermitte zusam-mengeführt; Fußkontakt wird durch Positionierung der Hände an den Sprunggelenken fixiert; Die Knie werden durch langsame Druckbe-wegungen der Ellbogen nach unten gedrückt	Aktiv; Dynamisch	Anzahl: 3 Sätze pro Seite Umfang: 45 Sekunden Intensität: Dehngrenze
Hüftbeuge- und Ober-schenkelmuskulatur (M. ili-opsoas, M. rectus femoris)	Proband befindet sich im Knie-stand; Ein Bein wird vor dem Kör-per aufgestellt und gebeugt; Das hintere Bein liegt ab dem Knie auf dem Boden; Hände sind auf dem vorderen Bein platziert und stützen den Oberkörper; Körperschwer-punkt wird mit aufrecht bleibenden Oberkörper nach vorne verlagert und das Becken abgesenkt; Dehn-position wird nach vorgegebenem Intervall wieder verlassen; Wechsel zwischen Dehn- und Ruhephase	Passiv; Postisometrisch	Anzahl: 3 Sätze pro Seite Im Wechsel Umfang: 45 Sekunden Intensität: Dehngrenze
Ischiocrurale Muskulatur (M. biceps femoris, M. semimembranosus, M. se-mitendinosus)	Aufrechter Stand des Probanden; Beine werden leicht gebeugt und das Gesäß nach hinten gestreckt; Ein Bein wird nach vorne gesetzt und gestreckt; Oberkörper wird nach vorne gebeugt und das Be-cken gekippt, um einen Zug im ge-streckten Bein zu spüren; Becken	Passiv; Dynamisch	Anzahl: 3 Sätze pro Seite Im Wechsel Umfang: 45 Sekunden Intensität: Dehngrenze

	wird leicht aufgerichtet, um Position minimal zu lösen und anschließend wieder gekippt; Der Wechsel wird wiederholt		
Wadenmuskulatur (Primär: M. gastrocnemius, M. soleus)	Aufrechter Stand des Probanden; Ein Bein wird nach vorne geführt (Ausfallschritt), gebeugt und die Fußsohle abgesetzt; Das hintere Bein bleibt gestreckt und bildet mit dem leicht nach vorne gerichtetem Oberkörper eine parallele Linie; Körperschwerpunkt wird durch Beugung des vorderen Beins vorne verlagert; Dorsalextension im hinteren Bein; Position wird gehalten	Passiv; Statisch	Anzahl: 3 Sätze pro Seite Im Wechsel Umfang: 45 Sekunden Intensität: Dehngrenze

3.2 Begründung

In Absprache mit dem Probanden wird das oben aufgeführte Beweglichkeits- bzw. Dehnprogramm 3x pro Woche durchgeführt. Das Programm wird in die Morgenroutine der Person integriert und unabhängig von seinen normalen Trainingszeiten durchgeführt. Durch das Beweglichkeitstraining wird eine Verbesserung der Bewegungsamplitude und Mobilität angestrebt (Scheid & Prohl, 2017, S. 147). Im Fokus steht vor allem die Verbesserung der Schulter- / Rumpfstabilität und Optimierung der Beweglichkeit in der unteren Extremität. Die auftretenden Rückenschmerzen im Bereich der Lendenwirbelsäule werden, durch die kontinuierliche Ausführung der oben aufgeführten Übung (Nr. 3), gelindert. Ergänzt wird das Programm durch eine Dehnübung für die Brust- und Rückenmuskulatur. Diese Übungen erfüllen eine rein präventive Funktion. Um die festgelegten Trainingsziele zu erreichen, wurden die Parameter des Belastungsgefüges so angepasst, dass diese unter die Kategorisierung eines Langzeitdehnprogramms fallen (Friedrich, 2016, S. 200). Die Fortschritte werden durch die Führung eines Tagebuchs (subjektive Einschätzung der Fortschritte) und die Wiederholung des Muskelfunktionstests nach Janda (objektives Ergebnis) dokumentiert.

4 Trainingsplanung Koordinationstraining

4.1 Koordinationstraining

Tabelle 5: Koordinationsprogramm

Koordinationsübung	Beschreibung	Belastungsgefüge
Liegestütze auf Medizinbällen	Proband begibt sich in die Liegestützposition; Hände werden auf zwei verschiedenen Medizinbällen platziert; Füße haben Bodenkontakt; Oberkörper wird durch Flexion der Arme gesenkt und durch Extension der Arme angehoben; Körper befindet sich während der kontrollierten Bewegung unter Spannung	Häufigkeit: 2x / Woche Anzahl: 3 Sätze Wiederholungen: 12 - 15 Pause: 45 Sekunden
KH-Drücken auf einem Fitball	Proband positioniert sich, mit zwei Kurzhanteln vor der Brust, in Rückenlage auf einem Fitball; Beine sind angewinkelt und Füße haben Bodenkontakt; Hanteln werden kontrolliert nach oben gedrückt und anschließend abgesenkt; Oberarm befindet sich in der Abduktion (90˚)	Häufigkeit: 2x / Woche Anzahl: 3 Sätze Wiederholungen: 12 - 15 Pause: 45 Sekunden
KH-Rudern in Liegestützposition	Proband begibt sich, mit zwei vor der Brust gehaltenen Kurzhanteln, in die Liegestützposition; Ein Arm wird gebeugt, verlässt mit der Hantel den Boden und führt die Hantel eng zum Körper hin; Arm wird wieder gestreckt und Grundposition wird eingenommen; Anschließend wird die Seite gewechselt; Grundspannung wird durchgehend beibehalten	Häufigkeit: 2x / Woche Anzahl: 3 Sätze Wiederholungen: 6-8 pro Seite Pause: 45 Sekunden

Anziehen der Beine im Schlingentrainer	Der Proband befindet sich im Unterarmstütz; Füße werden in den Schlingen positioniert; Körperlängsachse ist stabilisiert; Füße werden gleichzeitig zum Schultergürtel gezogen; Wirbelsäule, Hüft- und Kniegelenk werden gebeugt; Spannung wird gehalten und anschließend wird die Ausgangsposition eingenommen	Häufigkeit: 2x / Woche Anzahl: 3 Sätze Wiederholungen: 12 - 15 Pause: 45 Sekunden
Unilaterales Rumpfaufrichten	Proband befindet sich im aufrechten Stand; Langhantel, mit einseitig aufliegendem Gewicht, befindet sich auf dem Nacken und wird durch beide Hände stabilisiert; Hüftgelenk wird gebeugt und nach hinten geschoben; Oberkörper neigt sich nach vorne, bis er parallel zum Boden ist und bleibt gerade; Knie sind leicht gebeugt; Anschließend wird die Hüfte wieder gestreckt und die Ausgangsposition eingenommen	Häufigkeit: 2x / Woche Anzahl: 2 Sätze pro Seite Im Wechsel Wiederholungen: 12 - 15 Pause: 45 Sekunden
Kreuzheben auf einem Airex-Kissen	Proband positioniert Füße, im hüftbreiten Stand, unterhalb der Stange auf dem Airex-Kissen; Schienbeine sind nahe an der Stange; Oberkörper wird abgesenkt; Kopf und Rücken bleiben gerade; Langhantel wird schulterbreit und im Obergriff gegriffen; Körper ist angespannt; Hantel wird mit gestreckten Armen, an den Beiden entlang, nach oben geführt und die Hüfte wird gestreckt; In der aufrechten Position wird die Brust herausgedrückt; LH wird, durch Beugung im Hüftgelenk, kontrolliert nach unten geführt	Häufigkeit: 2x / Woche Anzahl: 3 Sätze Wiederholungen: 12 - 15 Pause: 45 Sekunden
Kettlebell Squat auf einem Airex-Kissen	Proband steht aufrecht auf zwei parallelen Airex-Kissen; Kettlebell wird vor der Brust gehalten; Knie werden gebeugt und die Hüfte gleichzeitig nach hinten und unten geschoben; Oberkörper bleibt aufrecht und die Wirbelsäule neutral; Knie werden nach außen und unten geschoben; Aus der tiefsten Position werden	Häufigkeit: 2x / Woche Anzahl: 3 Sätze Wiederholungen: 12 - 15 Pause: 45 Sekunden

	Hüfte und Knie wieder gleichmäßig in die Ausgangsposition gebracht	
Overhead Squat mit Langhantel (LH)	Gleiche Ausführung wie bei der vorherigen Übung; Kettlebell wird durch eine Langhantel ersetzt; Diese wird breit gegriffen und mit gestreckten Armen über dem Kopf gehalten	Häufigkeit: 2x / Woche Anzahl: 3 Sätze Wiederholungen: 12 - 15 Pause: 45 Sekunden
Ball fangen auf einem BOSU-Ball	Proband steht mit leicht gebeugten Beinen und aufrechten Oberkörper auf einem BOSU-Ball, ohne das Gleichgewicht zu verlieren; Trainingspartner wirft der Person Bälle mit unterschiedlicher Größe, Geschwindigkeit und Richtung zu; Ball muss gefangen werden; Schwierigkeit wird während den Sätzen kontinuierlich gesteigert;	Häufigkeit: 2x / Woche Anzahl: 3 Sätze Dauer: 2 Minuten Pause: 30 Sekunden
Ball fangen mit Blick zur Wand	Proband steht mit dem Gesicht einer Wand zugewandt; Trainingspartner befindet sich hinter der Person und wirft Bälle mit unterschiedlicher, Geschwindigkeit, Größe und Gewicht gegen die Wand; Ball muss gefangen werden; Schwierigkeit wird während den Sätzen kontinuierlich gesteigert;	Häufigkeit: 2x / Woche Anzahl: 3 Sätze Dauer: 2 Minuten Pause: 30 Sekunden

4.2 Begründung

Das Programm des Probanden besteht aus koordinativ anspruchsvollen Abwandlungen bereits bekannter Übungen aus dem Bereich des Krafttrainings. Es wurden anspruchsvolle Übungen ausgewählt, da er im Footballtraining regelmäßig Koordinationseinheiten absolviert und für Basisübungen eine Routine entwickelt hat. Ergänzend werden zwei Ballwurf- bzw. Ballfangübungen integriert. Diese sollen speziell die Reaktionsfähigkeit verbessern, damit der Proband in Spielsituationen schneller auf Signale reagieren, und diese verarbeiten kann (Friedrich, 2016, S. 221). Aufgrund des begrenzten zeitlichen Verfügungsrahmens wurde das Koordinationstraining mit dem Krafttraining kombiniert. Die

Belastungsparameter wurden aus dem vorigen Trainingsplan des Probanden übernommen, damit er sich auf die neuen Übungen und die Durchführung konzentrieren kann. In den folgenden Programmen werden die Parameter dann individuell angepasst. Das neue Koordinationsprogramm soll die Reaktions-, Gleichgewichts-, Kopplungs-, Orientierungs- und Kopplungsfähigkeit (Scheid & Prohl, 2017, S. 165) des Probanden schulen. Das Integrieren von Zusatzgewichten und Kleingeräten soll zudem die inter- und intramuskuläre Koordination, sprich die Rekrutierung und Frequenzierung der Muskelfasern (Friedrich, 2016, S. 162) optimieren.

5 Literaturrecherche

Tabelle 6: Literaturrecherche Studie 1 (Cross & Worrell, 1999, S. 11-14)

Studie 1	
Autoren	Cross, K. & Worrell T.
Publikationsdatum	Januar 1999
Forschungsthematik	Untersuchung der Wirkung eines statischen Dehnprogramms auf die Häufigkeit von Muskel- und Sehnenzerrungen
Versuchspersonen	195 Probanden eines Division III College Football Teams. Erfasste Parameter: Größe, Gewicht und Alter Durchschnittswerte: 177,9cm ± 6,25cm; 93,49kg ± 18,5kg; 18,6 ± 1,5 Jahre alt
Versuchsaufbau	Dauer: 2 Jahre (Saison 1994 und 1995) Aufbau der Trainingseinheit: Aufwärmprogramm, Beweglichkeitstraining, Übungen mit Körperkontakt, Theorieeinheit, Kraft- und Konditionstraining; Konstanter Ablauf in den 2 Jahren; 1995 wurde ein statisches Dehnprogramm ergänzt. Dabei wurden folgende Muskelgruppen 3-mal für 15 Sekunden gedehnt: Ischiocrurale Muskulatur, M. quadriceps femoris, M. adductor magnus/longus/brevis, M. gastrocnemius und M. soleus; Am Saisonende wurde eine X^2-Analyse durchgeführt, Daten wie z.B. die Anzahl an Verletzungen erfasst und anschließend miteinander verglichen
Ergebnis	1994: 155 Verletzungen (27,7% Muskel- und Sehnenverletzungen) 1995: 153 Verletzungen (13,7% Muskel- und Sehnenverletzungen) X^2-Analyse: Signifikante Reduktion ($p<0,05$) der Häufigkeit aller erlittenen Verletzungen
Schlussfolgerung	Ein statisches Dehnprogramm kann unter gegebenen Umständen die Anzahl an Muskel- und Sehnenzerrungen reduzieren

Tabelle 7: Literaturrecherche Studie 2 (Amako et al., 2003, S. 442-446)

Studie 2	
Autoren	Amako M. et al.
Publikationsdatum	01. Juni 2003
Forschungsthematik	Die Fragestellung der Studie beschäftigt sich mit der verletzungsprophylaktischen Wirkung von statischem Dehnen bei japanischen Militärrekruten
Versuchspersonen	901 Rekruten im Alter zwischen 18 und 25 Jahren Interventionsgruppe (IG): 518 Probanden Kontrollgruppe (KG): 383 Probanden
Versuchsaufbau	Die Interventionsgruppe absolvierte vor und nach den jeweiligen Trainingseinheiten ein statisches Dehnprogramm mit 18 unterschiedlichen Übungen (vier für den Oberkörper, sieben für den Rumpf und die restlichen sieben für die unteren Extremitäten). Die Dehnpositionen wurden für 30 Sekunden gehalten; Die Kontrollgruppe hingegen bekam keine spezifischen Anweisungen; Die relevanten Verletzungsdaten wurden anhand von medizinischen Berichten erhoben und hinsichtlich Häufigkeit, Lokalisation und Verletzungszeitpunkt geprüft. Im Anschluss wurden diese in Knochen-, Muskel-, Bänder-, Gelenks-, Rückenmarks- und „andere" Verletzungen unterteilt; Abschließend wurden die beiden Gruppen miteinander verglichen
Ergebnis	Interventionsgruppe Verletzungsrate 11,2% (58 gesamt) Knochenverletzungsrate 3,7% Muskelverletzungsrate 2,5% Bänderverletzungsrate 2,5% Knochenverletzungsrate 1,4% Sprunggelenksverletzungsrate 1,0% „andere" Verletzungen 0,2% Kontrollgruppe Verletzungsrate 14,1% (56 gesamt) Knochenverletzungsrate 2,2% Muskelverletzungsrate 6,9% Bänderverletzungsrate 3,1% Sprunggelenksverletzungsrate 1,6% Rückenmarksverletzungen 3,5% „andere" Verletzungen 0,3%
Schlussfolgerung	Die Studie konnte zeigen, dass die Verletzungsrate unter den gegebenen Umständen und mithilfe des Dehnprogramms gesenkt werden kann. Vor allem die Häufigkeit von Muskel- und Rückenmarksverletzungen wurde durch statisches Dehnen signifikant gesenkt. Allerdings hat das Dehnprogramm keine prophylaktische Wirkung auf Knochen-, Gelenks- und „andere" Verletzungen

6 Literaturverzeichnis

Amako, S. (2003). Effect of Static Stretching on Prevention of Injuries for Military Recruits. *Military Medicine, 168,* 442-446.

Cross, K. & Worrell (1999). Effects of a Static Stretching Program on the Incidence of Lower Extremity Musculotendinous Strains. *Journal of Athletic Training, 34* (1), 11-14.

Eifler, C. (2018). *Studienbrief Trainingslehre III* (rev. 16.007.000). Saarbrücken: Deutsche Hochschule für Prävention und Gesundheitsmanagement.

Friedrich, W. (2016). *Optimales Sportwissen. Grundlagen der Sporttheorie und Sportpraxis* (3., überarbeitete und erweiterte Auflage). Balingen: Spitta Verlag GmbH.

Scheid, V. & Prohl R. (2017). *Trainingslehre. Kursbuch Sport 2* (12, durchgesehene Auflage). Wiebelsheim: Limpert Verlag GmbH.

7 Tabellenverzeichnis